AF261582

Henri POTTIER

AUTEUR des Destinées de la France au point de vue de la prévoyance, du crédit et du travail national ; — du Manuel de la Banque et du commerce ; — de la partie double perfectionnée ; — de la Sténographie des gens du monde ; — d'une Méthode nouvelle de tenue des livres, dite comptabilité moderne.

DE L'AVENIR

GOUVERNEMENTAL ET POLITIQUE

DE LA FRANCE

NOTICE sur les idées et la situation politique de l'époque ;

De la **MONARCHIE CONSTITUTIONNELLE** comparée dans la pratique du gouvernement républicain ;

De la **RÉPUBLIQUE** ;

CONCLUSIONS éveillant l'idée de la Conciliation ;

APPENDICE.

BROCHURE G^d IN-8°

PRIX : 1 FRANC

A PARIS

CHEZ DENTU, LIBRAIRE-ÉDITEUR

Galerie d'Orléans, Palais-Royal

ET CHEZ TOUS LES LIBRAIRES

—

1873

AVANT-PROPOS

La multiplicité des erreurs d'appréciation répandues dans le pays, acceuillies même par de bons esprits, et qui servent de base à l'opinion, sont telles, que tous les efforts doivent être tentés pour arriver à déjouer les machinations malveillantes des agitateurs, en éclairant ceux qui désirent l'être. Le plus humble, en cette circonstance, ne doit redouter ni la critique, ni le dédain.

Le cataclysme qui nous menace ne saurait être évité, si la majorité de l'Assemblée nationale, Souveraine, qui doit appuyer la nation, hésitait, retardait trop à discuter et à voter les grandes modifications à apporter à notre ordre social, dont la puissance peut seule sauver le pays des étreintes de la révolution.

La démoralisation des idées est à son comble. Le caractère des notabilités civiles et militaires, de la magistrature et du clergé, appelées par leur naissance, par leurs services, par leurs capacités à commander ou à gouverner, est avili, est conspué au profit de l'intrigue et de l'incapacité.

Aujourd'hui, il n'y a pas à transiger avec les révolutionnaires, avec les aspirations dissolvantes mises en cours.

C'est convaincu des dangers que présente cet ordre de choses que nous avons entrepris de publier cet opuscule. Notre but est de développer succinctement l'histoire du passé révolutionnaire dont les adeptes sont les ennemis de la société; de celle des services rendus par les Princes, notre unique espérance.

L'époque actuelle réclame une grande rénovation que l'influence d'une personnalité incontestable, par sa naissance, justement illustrée, peut seule produire.

En rappelant le caractère si généreux et si bienveillant de Louis XVI, l'abnégation de ce Prince si grande pour toute prépondérance; la fin tragique de ce Roi de France et celle de la famille Royale; les services de l'aïeul de Monseigneur le Comte de Paris, dont la conduite militaire, combattant pour affranchir le sol de la patrie sous des lois d'usurpation républicaine; les prospérités du gouvernement des Bourbons mises en parallèles avec les désastres de l'Empire et de la République, nous avons pu conclure sans hésiter au rétablissement de la Monarchie Constitutionnelle ayant à sa tête Henri V, fondant un gouvernement nouveau de concert avec la nation : condition qui met à néant toutes les récriminations inventées, que le passé pourrait raviver.

La seconde partie de cet opuscule comprend une appréciation de ce que peut être la Monarchie Constitutionnelle que nous comparons à la République. Dans l'application pratique, nous disons ce que c'est que la République. Et enfin, dans nos conclusions, nous cherchons une solution qui soit en harmonie avec les besoins de l'époque, les droits et les vœux de la nation, dont l'esprit de justice et conservateur repousse toute idée de violence.

Il ne suffit pas aux citoyens honnêtes et laborieux de vouloir l'ordre et le bien, il faut aussi être d'accord sur le moyen, et se résoudre à une entente tacite qu'un certain esprit d'abnégation peut seul amener.

La nécessité du moment recommande impérieusement que chacun résume ses aspirations, afin de n'avoir pas besoin de discuter pour savoir que l'on est d'accord.

P. S. — Cette brochure était écrite lorsque le vote du 24 mai, en renouvelant le gouvernement, nous a garanti contre les dangers de l'anarchie. Nous n'avons pas cru toutefois modifier nos impressions, le titre de République restant comme une menace pour la société. Toutefois, la route de l'ordre étant déblayée, il sera possible, désormais, d'en réaliser les bienfaits.

Nota. — Dans un opuscule publié sous ce titre : la Conciliation *s'appuyant sur des conditions nouvelles de prospérité,* nous avons démontré comment on peut, par le crédit heureusement organisé, ramener les conditions de prospérité et rétablir les richesses particulières, tout en réduisant les impôts.

La loi électorale et la loi militaire seront aussi l'objet de nos préoccupations, ainsi que la question du drapeau et celle des élections générales.

Pour tous ces travaux, et notre bonne volonté à chercher à être utile, nous réclamons la bienveillance de nos lecteurs à qui nous les dédions.

Henri POTTIER.

Paris, août 1873.

DE L'AVENIR

GOUVERNEMENTAL ET POLITIQUE

DE LA FRANCE

NOTICE

SUR LES IDÉES ET SUR LA SITUATION POLITIQUE DE L'ÉPOQUE

Dieu protége toujours la France.

L'extrême inquiétude qui domine les esprits en France, jointe aux préoccupations de l'Europe, et, on pourrait ajouter, de celles du monde entier, paralyse les efforts du travail, les élans du commerce, et nuit ainsi au développement des richesses nationales. Les privations qui peuvent en résulter pour les familles qui n'ont pas de réserves est pénible à concevoir. C'est ce qui doit résulter de l'ordre ordinaire des choses à mesure que se prolonge le *statu quo* politique.

Toutefois le temps marche sans interruption, et chaque jour nous rapproche du moment qui doit nous faire rompre avec le passé.

La décision à intervenir, dont l'action peut agir si puissamment sur nos destinées, sera-t-elle favorable au principe d'ordre, de stabilité et d'équité; s'appuyera-t-elle sur les dix siècles de gloire et de prospérité, comme l'a si bien dit M. Thiers aux débuts de sa magistrature, ou nous laisserons-nous glisser sur la pente où l'erreur nous entraîne? Là est le problême que doivent résoudre et la Chambre et la sagesse du peuple français. Le doute nous fait frémir.

C'est à notre expérience à nous éclairer, à nous inspirer, à nous aider à maîtriser nos impatiences, en écoutant avec recueillement la voix de ceux plus autorisés que nous à comprendre les nécessités du gouvernement.

Le parti politique que nous croyons être fatal à l'avenir de la France, nuisible à nos intérêts, ainsi qu'il l'a toujours été dans le passé, nous autorise à nous prononcer sans ménagement. Ses adeptes ne se font pas faute de prendre les devants, et par leurs manifestations et par leurs excentricités incohérentes, ils nous préviennent surabondamment de leurs tendances et des malheurs qu'ils nous ménagent. Les époques que les républicains évoquent sont néfastes, et chacune d'elles rappellent des crimes que l'honnêteté vulgaire devrait faire repousser avec mépris et dégoût.

Comme à ces temps de décomposition sociale, ils entourent de séduction pour le peuple leurs raisonnements spécieux. Cependant les griffes de la panthère apparaissent néanmoins, et à côté des mots qui rappellent des principes de vertu et de fraternité, il y a toujours une accusation, une idée de délation en vue de compromettre ceux qu'ils ont dessein d'atteindre.

L'aménité apparente et intéressée de nos adversaires, à l'endroit du pouvoir, était loin naguère de ressembler à la rudesse des opposants d'autrefois. Elle vient, toutefois, de se raviver au souffle des déceptions.

Nous devons donc nous attendre, si jamais la République était proclamée comme gouvernement définitif, à des conséquences identiques à celles qu'ont subies nos pères.

La lutte et les passions qui divisent la République actuelle se sont dévoilées aux journées de Juin, pendant le siége de Paris et la Commune. Elles devraient avoir des effets bien plus désastreux encore si elles renaissaient, les appétis se développant chaque jour et à mesure que l'idée républicaine gagne du terrain.

La République ne saurait rien édifier de sérieux. Elle n'a jamais que causé des ruines, des désastres, des crimes sans prédédents. C'est là un fait constaté par l'histoire et par les actes républicains des temps anciens et modernes.

Le principe d'hérédité, traditionnel, au contraire, c'est-à-dire la Royauté, a toujours marché de conquêtes en conquêtes. Elle a fait la France grande et puissante. De nos jours il n'y a que l'appui du principe d'autorité qui soit capable de nous relever de nos malheurs.

La République est fille de l'injustice, de l'oubli de toute idée sociale et de modération ; elle est une usurpation flagrante et sanguinaire d'un parti. C'est ce que nous allons prouver.

En 1792, le 21 septembre, lorsque la République a été proclamée, à la suite de discours aussi calomnieux pour le passé, qu'incendiaires pour les esprits, Louis XVI et sa famille, ces nobles et innocentes victimes étaient prisonnières au Temple, gardées à vue, et isolées de toutes créatures capables de les défendre. Elles étaient traitées comme le sont les malfaiteurs. Cependant Louis XVI était le promoteur du mouvement qui devait amener les progrès désirés. Ses précédents indiquaient le réformateur aux intentions les plus pures. Son édit de 1776 avait affranchi le travail, et les lois s'étaient adoucies par son initiative. Il cherchait la vérité. Pour récompense à cette ardente sollicitude on l'a assassiné, et les révolutionnaires, la République n'a pas même reculé devant l'infamie de traîner la Reine, cette noble femme, et sa sœur Mme Elisabeth, sur l'échafaud. Pourtant la majorité d'alors était composée de républicains dits modérés. C'est ce qui prouve qu'il ne peut y avoir dans la République que des révolutionnaires, qu'on ne saurait espérer, avec les adeptes de la République, de compromis modérateurs. Les républicains dans tous les temps ont voulu dominer.

Louis XVI avait accepté, juré la Constitution de 1791. C'étaient des ministres responsables qui devaient la mettre en pratique. Le Roi était irresponsable. Et on l'a assassiné avec tout ce qu'il y avait d'illustre dans le pays, faisant ainsi table rase des hommes de la noblesse, de science, du clergé, de la magistrature et des républicains modérés.

Ces pages d'histoire qui viennent encore de se rééditer par les excès de la Commune, qui rappellent les journées de Juin, si elles ne servaient d'enseignement à nos modérés, deviendraient encore le guide de ceux qui nous menacent de leur dictature. Les mêmes principes doivent produire les mêmes résultats. Ce ne serait plus Mirabeau qui aurait ouvert l'arène républicaine, ce serait un autre modéré non moins illustre par la parole.

Les crimes multipliés de la révolution étant revendiqués sont une honte pour le caractère français. Ils ne sauraient être consacrés, innocentés par la proclamation définitive de la République. Nous ne voudrons pas, par cet acte insolite, encourir les chances de l'isolement dont les conséquences seraient si préjudiciables à l'avenir de la patrie. Rappelons-nous toujours que désormais l'étranger est au sein du pays, que nous n'avons plus que la défensive.

C'est aux populations à réfléchir et à décider si elles préfèrent la misère, la médiocrité au moins, à la prospérité ; l'orgie dans les idées à l'influence des principes d'ordre et d'équité.

La Providence jusqu'à présent nous a tenu en réserve, après plus ou moins d'épreuves, des hommes qui ont eu assez d'influence pour nous relever des misères produites par la République. Mais nous nous usons, et c'est sur quoi comptent les républicains. La démoralisation patriotique, celle des idées, est à son comble. Nous serait-il possible désormais de faire face à de nouveaux orages, à l'anarchie qui devrait résulter des principes dissolvants que la République entraîne fatalement à sa suite ? C'est là une question que le vote du 24 mai a encore résolue heureusement.

La République en France, ainsi que nous l'avons déjà démontré, est née au milieu d'un tourbillon de passions impossible à décrire. Elle a eu pour complice la corruption des esprits à toutes les époques. Ses moyens ont été la guerre civile, et la haine pour tout ce qui élève la nation et porte le cachet de la civilisation. C'est d'en bas qu'elle mesure la valeur de ses adeptes, qu'elle entend établir l'égalité.

La Royauté, au contraire, élève chacun dans le milieu où il se trouve placé : la considération du chef reflète sur tous ceux de qui il est à la tête. La Royauté, c'est l'abnégation. En Hugues-Capet, elle a eu pour berceau la valeur, le savoir, la dignité du plus méritant. Hugues-Capet, acceptant le titre de Roi que lui décernait le suffrage des grands du royaume, ceux qui, seuls, pouvaient le jalouser, a pu dire avec confiance : « Que celui qui se croit plus digne, plus vaillant que moi, que celui qui se sent mieux mériter par son abnégation personnelle le droit de commander, prenne ou me dispute la place. » La puissance lui était nécessaire. Il avait à combattre, à travailler sans relâche, pour constituer l'unité de ce pays si divisé alors.

De nos jours, les besoins étant impérieusement le rétablissement de l'influence morale, Henri V, rentrant en France, pourrait tenir le langage du fondateur de la Monarchie, et dire : « Que celui qui se croit avoir un caractère plus honnête, plus ferme dans ses principes, que celui qui se croit avoir pour la patrie plus de dévouement que moi, se mette sur les rangs et me dispute le trône. »

Qu'y a-t-il de plus méritant que ces luttes des Rois de France pour réaliser l'unité de la Patrie. Que de longues prévisions, de soins politiques il leur a fallu. Que de dévouement pour toujours être sur la brèche en vue de cette grande œuvre de centralisation, facilitant les progrès de l'industrie, autrefois à l'état naturel. Il est facile d'être ingrat lorsqu'on jouit des bienfaits. Cependant, il n'y a pas profit à oublier, et nous pouvons soutenir, au contraire, que la reconnaissance est un capital que la considération et le crédit fructifient avec largesse au profit de tout ce qui concourt au bonheur des hommes.

C'est en suivant l'histoire dans ses détails qu'on reconnait cette vérité : que les Rois de France sont une fidèle image de la loyauté chevaleresque et politique; celle des dévouements, qui sont l'apanage des âmes vraiment chrétiennes.

En 1789, lorsqu'éclata la Révolution, la disette de cette époque servit les meneurs, et devait enflammer les passions de cette populace en délire. Aussi en résulta-t-il des crimes immédiatement. Les frontières de Louis XIV étaient intactes. Nous possédions les plus belles colonies du monde, une flotte supérieure à celle de l'Angleterre. La France était à la tête des nations. La dette publique n'existait pas.

Toute cette puissance, toute cette prospérité fut la proie de la révolution. En 1799, c'est-à-dire, après dix années seulement, à l'avènement du général Bonaparte comme 1er consul, mettant un terme à l'orgie révolutionnaire, la misère était à son comble, les populations étaient ou décimées, ou en fuite, ou en émigration. Les armées sans pain, sans souliers, campaient sur des plages inconnues. Le pays était anéanti. Bientôt le principe d'autorité fit tout renaître; et s'appuyant sur le génie, l'activité dévorante, la volonté et l'abnégation personnelle du grand capitaine, la France redevint elle-même. Dix-huit mois après, cette France abattue, terrassée par l'incapacité et l'influence délétaire d'idées malsaines, se vit replacée, par le traité d'Amiens, à la tête des nations.

Le désir de trop faire jeta bientôt au vent ces brillants débuts. L'assassinat du Duc d'Enghien, capturé traîtreusement sur la terre étrangère, et le titre d'Empereur que Napoléon voulut se donner pour accroître le prestige de son autorité sur son entourage, le mit à l'index européen. Il lui fallut désormais marcher de conquêtes en conquêtes pour se soutenir; et les fautes que font commettre un trop grand développement de puissance amenèrent la chute de son pouvoir, celle de sa dynastie, par son abdication pour lui et toute *sa descendance*. Une double invasion et la perte de nos frontières furent également la conséquence de la témérité coupable de son débarquement à Canne, ayant pour résultat la débâcle de Waterloo.

Napoléon III, par imitation, toujours de son oncle, s'étant fait aussi Empereur, malgré une abdication pleine et entière, et les clauses du traité de Vienne qui excluait à tout jamais les Bonaparte du trône de France, encourut par cet acte ambitieux les mêmes chances que son oncle, et entraîna le pays dans les désastres qui ont ruiné notre-prépondérance à l'étranger et notre sécurité à l'intérieur.

La République à son tour a voulu ajouter à nos malheurs, à nos pertes déjà si considérables. Elle entreprit de soutenir la guerre sans des moyens propices, et dominée par une fausse manière de comprendre l'honneur national. Elle tripla ainsi les conséquences de la guerre déclarée par l'Empire.

En 1814 et en 1815, lors des invasions, les populations de la France étaient bien épuisées. Le mobilier national, le matériel de guerre et la flotte étaient anéantis, les routes étaient effondrées, le trésor vide, l'industrie sans puissance ; une indemnité de guerre devait être acquittée dans de courts délais ; les troupes d'occupation devaient être entretenues et payées ; enfin, ce qui était encore un accroissement à tout ce dommage, c'était une disette affreuse, comme nous ne saurions nous l'imaginer de nos jours, disette qui fit élever à un prix exorbitant le pain et tous les produits alimentaires.

Cependant, malgré tous ces motifs de souffrance, le gouvernement paternel des Bourbons, de Louis XVIII, et la sagesse des populations, permit de surmonter tous les obstacles, toutes les difficultés de la situation. La France de cette époque ne fit qu'augmenter sa prépondérance. Les populations et le pays marchèrent de prospérité en prospérité. C'est pendant ce règne qu'on peut dire que la fraternité existait.

Les conspirations des républicains, qu'on appelait alors des

Carbonaro, parce qu'ils s'étaient formés dans les forêts d'Italie, s'abritant des bienfaits de la liberté, s'étudiaient à enrayer le gouvernement. A force de persistance, ils amenèrent le Roi Charles X à prendre des mesures exceptionnelles, à user des pouvoirs que donnait à la royauté l'article 14 de la Charte. Les ordonnances de Juillet en furent la conséquence, et la Révolution de 1830 s'en suivie, ainsi que la chute du gouvernement. Tous les progrès accomplis pendant cette époque de la Restauration : les Lettres, les Sciences, les Arts, l'Agriculture, l'Industrie florissante, ne comptèrent pour rien dans cette grande convulsion nationale. Il fallut céder, les républicains étaient vainqueurs de la raison publique.

Mais alors nous étions bien loin de 1799, de 1815. Les populations étaient dans une aisance relative. Paris était florissant. C'est cette situation de bien être général qui, peut-être, a fait perdre de vue les dangers des entraves apportés à l'industrie par le désordre, ceux de la misère que des points d'arrêts dans le travail précipitent.

Le moment devenait pressant d'instant en instant. Les jours perdus à parlementer pour arriver, près du Roi, au retrait des ordonnances, augmentaient les craintes, et chaque heure marquait les progrès de la démagogie. L'esprit de la population se gangrenait. C'est dans ces circonstances que, se dévouant, les Laffayette, les Laffite, les Casimir Perier, etc., entreprirent des démarches près du Duc d'Orléans pour l'engager à se mettre à la tête du gouvernement en vue de sauver la patrie. M. Thiers alors secrétaire de M. Laffite, rédacteur du fougeux *National*, hier président d'une République provisoire, peut sur ce point éclairer la nation; et, la main sur la conscience, dire toutes les difficultés qu'ont eues ces illustrations pour amener le Duc d'Orléans à vaincre ses scrupules.

L'acceptation au trône de Louis-Philippe Ier a été un acte d'abnégation, de dévouement à la Patrie, et non le résultat de l'ambition. Les souvenirs d'une autre époque et les dangers de la situation ont pu seuls le décider. Il n'y avait pas à hésiter en ce moment critique. Il fallait ou sauver la France en se saisissant du pouvoir, ou jeter le pays dans les hasards de la République. C'est ce qui a fait dire au général Lafayette, présentant le Duc d'Orléans au peuple : « Voilà la plus belle des Républiques. »

Nous sommes dans cet instant, comme en 1852, dans une situation identique. Si un acte de patriotisme et d'énergie ne sauve pas la France, nous aurons à nous repentir de notre faiblesse.

Le peuple est oublieux. Les services rendus ne comptent pour rien. Il faut toujours lui en rendre de nouveaux.

Le caractère connu du Duc d'Orléans, juste, modéré, dévoué et plein d'aménité, ne laissait pas de doute sur l'avenir de son gouvernement, sur la loyauté de ses actes; aussi l'Europe, moins la Russie peut-être, accepta-t-elle avec empressement le gouvernement improvisé par la situation. Les résultats furent ceux qu'on en espérait. L'industrie put se développer à son aise ; l'agriculture fut secondée par de grands travaux publics ; et pendant ce gouvernement, les Lettres, les Sciences et les Arts ont conquis une place très importante au milieu de la prospérité générale.

L'esprit de parti peut seul accuser ce Prince d'ambition. Nous avons suivi sa vie à l'aide de l'histoire et des mémoires qui rappellent son enfance et son jeune âge, et par là, nous avons pu nous convaincre, comme pendant le règne, que le Duc d'Orléans, Prince et Roi, par son caractère, était exempt de toutes les faiblesses entraînantes de l'ambition. Sa vie, comme exilé et comme père de famille, en établit les preuves.

Malgré les excès de la Révolution, les rigueurs des républicains assassinant son père, le Duc d'Orléans, alors Duc de Chartres, servait la France dans la République ; il ne voulut pas émigrer. A Walmy et à Jemmapes, il commandait comme général, et ce grade lui avait été acquis par sa valeur sous la République. Par ses talents militaires et son ardeur, comme soldat, il repoussait les Prussiens hors du territoire. Il soutenait encore la retraite après la défaite de Norwinde, quand un décret de la Convention vint lui annoncer que sa liberté, que sa vie était en péril. C'est alors qu'il se décida à suivre Dumouriez, son général en chef, prenant le chemin de l'exil. Le Duc d'Orléans refusa toutes les offres qui lui furent faites par l'Autriche. C'est en Suisse, comme professeur et sous un nom d'emprunt, qu'il se résigna à vivre loin de la France.

Sous le Directoire, pour mettre à néant tous les doutes que des intrigues, où figurait son nom et ses titres de premier Prince du sang, pouvaient éveiller, il se proscrivit lui-même. Il partit pour l'Amérique. Qu'on nous cite un républicain capable d'une telle abnégation.

Quant à la malheureuse participation de son père dans l'acte révoltant, révolutionnaire, qui amena la mort de Louis XVI sur l'échafaud, c'est là un acte de faiblesse que les ressentiments qu'il pouvait avoir par rapport à des insultes et à des accusations sans fondement comme tout autre motif ne justifient pas. Là n'est pas notre intention. Nous avançons seulement par rapport à Louis-Philippe, qu'un fils ne peut désavouer publiquement son père, l'accuser, que la mémoire de feu Louis-Philippe ne peut être responsable des actes de son père. Nous sommes certains, nous, que cette faute paternelle a toujours été présente à la pensée de ce Prince si dévoué à la France. Dans ses mémoires de mon temps, M. Guizot, alors ministre de Louis-Philippe, nous rappelle que, dans une de ses nombreuses conversations intimes, le Roi lui rappela cette époque cruelle de la Révolution. Il s'agissait d'instituer le vote secret, pour donner à chacun la liberté complète de son action. Dans une exclamation spontanée, le Roi lui dit : « Si le vote avait été secret alors, mon père, certainement, ne se fut pas compromis. » Dans cette expression de regret intime existe toute la pensée, toute la justification de Louis-Philippe. Il en est de même par rapport à son acceptation au trône. Sa lettre, datée de l'exil, à M. le Comte de Montalivet, son ancien ministre et ami, en fournit la preuve. Nous engageons les bons esprits à se convaincre de toutes ces vérités, et à méditer sur ce que peuvent être des accusations trop facilement accréditées.

Nous avons tous intérêt à justifier, s'il y a lieu, les Princes placés par leurs droits de naissance à notre tête. Ils forment les fondements de l'édifice national. Si les actes des gouvernants peuvent être attaqués impunément, il n'y a plus rien de possible alors, et l'anarchie seule peut exercer toute sa puissance.

Que l'on compare la situation de la France en 1847, avec ce qu'elle était en 1799, en 1815 et en 1830 ; qu'on évalue les richesses d'alors avec celles de ces époques antérieures, on verra par cette expertise les justes éloges que nous devons à ce règne prospère autant par la Paix que par les travaux de l'Agriculture, de l'Industrie et les progrès faits dans les Sciences, dans les Lettres et dans les Arts de tous genres.

La catastrophe de 1848, qui coûte à la dette publique quatre milliards et aux populations une foule de ruines, résultat de la duplicité, devait mettre en poussière tout ce bel échafaudage de prospérité, nous ramener la dictature d'un Napoléon, la guerre et l'invasion avec la perte de nos provinces frontières, enfin la République et toutes les horreurs de la Commune, atrocités supérieures à celles des journées de Septembre et de Juin qu'elles nous rappellent.

L'écroulement de l'Empire résulte encore des efforts incessants de la démogagie, s'attachant de longues mains à discréditer tous les caractères éminents, de manière un jour, par cette démoralisation que le doute amène, à n'avoir plus de sommités, d'hommes en crédit, capables de résister à la jactance républicaine. C'est en voulant complaire à ses ennemis, s'en faire des complices, que Napoléon III a commis les plus grandes fautes de son passage au pouvoir. C'est sa fausse situation vis-à-vis de l'Europe qui l'a entraîné dans la guerre tant en Crimée, en Italie, que contre l'Allemagne.

Sa déclaration de guerre intempestive, sans être suffisamment armé, est un de ces crimes de lèse nation qui n'a de pendant que dans la guerre à outrance entreprise par les républicains.

La France, si elle venait à donner un gage d'oubli à l'une de ces deux catastrophes, en consacrant à nouveau ou le gouvernement de l'Empire ou celui de la République, deviendrait la risée de l'Europe, de celle du monde entier. En un pareil cas, il n'y a pas de pardon en faveur de ceux qui n'ont même pas le droit de le solliciter. Ce ne pourrait être qu'un acte d'extrême faiblesse, de pression ou d'entraînement, qui pourrait plonger à nouveau le pays dans un tel abîme.

Quoiqu'il en soit, acceptant pour mémoire l'analyse de ce règne de dix-huit années, il nous a donné la preuve de toute la puissance du principe d'autorité ; et sans les fautes commises, on pourrait dire, volontairement, les richesses produites par le travail pendant ce règne eussent été inappréciables. Qui ne reconnaîtrait pas cette vérité n'aurait qu'à ouvrir les yeux, serait ou injuste ou incapable de discernement. Ce gouvernement était fort et puissant, et pouvait beaucoup s'il n'avait été miné par sa base. A notre époque, ce n'était qu'une dictature qui devait strictement se renfermer dans ses exigences autoritaires. Il ne devait pas courir les chances que présentent les luttes du gouvernement parlementaire.

En résumé, nous devons aux deux Napoléon et à la République la perte de nos frontières conquises et affermies par les Rois de France ; celle de nos plus belles colonies ; la démoralisation dans les idées aujourd'hui si échevelées ; et enfin, les *dangers incessants* du démembrement de la France.

Il s'agit donc d'aviser. Les Villes comme les Campagnes y ont un intérêt égal. Le vote qui doit reconstituer l'État doit décider cette grande question, en rétablissant les principes d'ordre, d'équité et de stabilité que comporte le gouvernement constitutionnel avec l'hérédité, ou en nous plaçant comme une menace constante vis-à-vis de l'Europe qui nous tient en suspicion. C'est ce que produirait la proclamation définitive de la République.

Depuis 1789, l'Empire et la Royauté Constitutionnelle comprennent plus de soixante-dix années de gouvernement, et la République, seulement douze années en trois périodes.

Sans faire entrer les pertes sérieuses de la République fondée par le 4 Septembre, celles de 1792 et de 1848 ont coûté aux populations, avec l'ignoble banqueroute d'État, plus de 47 milliards effectifs et quatre millions d'hommes. C'est la Royauté qui a dû cicatriser toutes les plaies faites à la France par la République en la remplaçant à la tête des nations. Elle ne le sera encore qu'à cette condition.

Le Comte de Chambord est la plus grande figure française que nous puissions invoquer en vue de notre rénovation sociale. Placé par sa naissance au-dessus des partis politiques, ce Prince n'en représente aucun. Son âme, éminemment chrétienne, fait échec aux religions d'État qui nous entourent et qui tendent à nous absorber. Le Drapeau de la France est celui de la catholicité. Les catholiques de toutes les nations, de l'univers, ont les yeux tournés vers nous, leur espérance est en nous. La religion pour la France est donc une puissance, et méconnaître cette influence, c'est nuire aux intérêts de la patrie, au prestige qu'elle exerce dans le monde. Il faut donc faire la part des idées catholiques, et s'en servir au profit du pays et de la grandeur de la France.

Le Comte de Chambord, par ses manifestes, a accepté les principes essentiels du pacte constitutionnel que réclament l'esprit et les besoins de l'époque. Comme Louis XVIII, en rentrant en France, et en se mettant à la tête de l'Etat, il acceptera le passé que la volonté ne saurait détruire ; il travaillera, de concert avec les représentants de la nation, à consolider les intérêts du pays dont la prospérité seconde la puissance. C'est ainsi que ce Prince s'est toujours exprimé.

Quant à la question du Drapeau, il y a peut-être là un malentendu de la part même du Comte de Chambord. On a voulu faire du Drapeau une représentation politique, une confirmation du passé révolutionnaire ; ce qui serait évidemment une erreur. Le Drapeau, dans un gouvernement constitutionnel, appartient à la nation, et peut être l'emblême d'une époque de rénovation. Le Roi, en joignant ses couleurs à celles de la nation, marque son esprit de conciliation.

Les lois constitutionnelles modifient sensiblement les idées qu'on pouvait se faire autrefois de la puissance royale. Elles demandent de l'ensemble des citoyens d'un pays la bonne entente que réclame l'harmonie des pouvoirs. Sur ce point, il suffirait de s'expliquer pour s'entendre.

Le Roi Constitutionnel Henri V, avec le Comte de Paris, Duc d'Orléans, à ses côtés, suivi de la pépinière de héros que comprend la famille d'Orléans, peut illustrer la France d'un nouveau règne aussi prospère que puissant en face de l'étranger. Henri V ne peut être que bien accueilli des autres nations. Il représente le principe de la bonne entente Européenne.

Cette nouvelle espérance doit donc être acceptée franchement, par la nation, sans arrière-pensée. Nous devons proclamer le Comte de Chambord avec enthousiasme. C'est ainsi que sa naissance a été saluée.

La noblesse des vues de Henri de Bourbon n'a besoin d'être ni défendue, ni prônée. Son caractère est en dehors de toute controverse. La vie de ce Prince ne suppose pas la critique. Étant rappelé sur le trône de ses ancêtres, de ce jour, Henri V, par la seule influence du rétablissement de l'hérédité, ferait que la valeur actuelle des richesses de la France serait quintuplée.

Le principe d'autorité représenté par un Roi Constitutionnel, c'est le pouvoir paternel et non celui du sabre ou de l'intimidation des lois d'exception. Les Bourbons rappellent les idées de clémence, celles de la paix avec les nations que des alliances consolident.

Ces opinions, écrites dans toute la sincérité de notre âme, ne sauraient cependant avoir l'influence que réclame la situation. C'est à l'Assemblée nationale à expliquer le passé et les tendances nouvelles, ainsi que peuvent le faire nos brillants orateurs. Les populations de la France, en général, sont animées de très bons sentiments. Elles n'ont besoin que d'être éclairées. C'est de leurs représentants qu'elles attendent la lumière.

DE LA MONARCHIE CONSTITUTIONNELLE

Comparée dans la pratique au Gouvernement républicain.

Le principe d'hérédité est une sauvegarde
des libertés publiques.   H. P.

I

Les nations doivent être représentées en raison de leur impor-tance, de leur passé et de leur part d'influence au milieu des autres États.

Il n'est donc pas indifférent, pour la France, d'accepter ou la forme monarchique ou la constitution républicaine.

La MONARCHIE CONSTITUTIONNELLE est le perfectionnement de la République ; elle est le trait d'union entre les idées monarchiques et républicaines.

Cette forme de gouvernement libre, parlementaire, dont l'idée est due à l'Angleterre, a été pratiquée en France sous les règnes de Louis XVIII, de Charles X et de Louis-Philippe Ier. Tous les États d'Europe s'en sont ensuite emparés. C'est ce qui constate, au point de vue des libertés publiques et des intérêts matériels, que c'est le mode de gouvernement reconnu le mieux approprié à la prospérité des peuples.

Près de certains esprits en France, la République n'obtient la préférence que parce qu'elle représente une idée d'opposition, et la Monarchie, un principe d'autorité. Mais comme ce système gou-vernemental a des bases multiples, si ce gouvernement prévalait, des partis différents surgiraient bientôt et mettraient en péril son existence. Sous la République, gouvernement essentiellement mobile et prêtant à toutes les ambitions, les luttes parlementaires et politiques doivent être incessantes, acharnées. Les Assemblées sont souveraines et présentent le danger des usurpations collec-tives, et dès lors sans responsabilité. Dans notre société actuelle si riche en mobilier industriel et agricole, cette mobilité de l'assiette gouvernementale serait-elle un bienfait ? Et le danger à courir en risquant des expériences sur des données socialistes, qu'une ma-jorité factice pourrait adopter, n'est-il pas à redouter ? C'est là une considération qu'on ne doit pas perdre de vue : la base des idées républicaines ayant en réalité pour point de départ 1792, 93 et toutes les conceptions néfastes de cette époque, qui viennent de se raviver avec amplification dans les derniers événements de Paris. (De mars à mai 1871.)

II

Vouloir prendre pour point de comparaison d'un gouvernement à établir en France, la Constitution suisse ou celle des États-Unis, est le fait d'une grave erreur d'appréciation. En effet, les conditions d'existence de ces gouvernements sont en tous points différentes de celles qui pourraient constituer la République française.

Le bonheur politique qu'on prête à ces pays semble être sans nuage, parce qu'on ne peut l'apprécier que de loin et qu'on n'en recherche pas les difficultés.

La République des États-Unis qui comprend trente et un États indépendants et trente millions d'habitants environ, vivant dans des espaces infinis, seize fois plus grands que le territoire de la France, peut et doit être organisée d'après une décentralisation administrative et de police intérieure complète.

Chaque État a des conditions d'existence qui lui sont propres ; des mœurs particulières ; des populations qui se recrutent sans cesse en Europe, ce qui enlève toute idée de rivalité. Si les États, qui forment la République des Etats-Unis, tiennent à se relier entre eux par une constitution commune, ce n'est qu'en vue d'intérêts généraux et d'économies dont chacun est désireux de profiter.

Telles sont les Ambassades ; la Défense nationale ; les Administrations des Postes et des Douanes ; les Relations internationales et financières.

Les États-Unis sont isolés au milieu des mers, et n'ont pas de voisins capables de les jalouser, de nuire à leur liberté d'action si favorable au développement des richesses de ce pays.

Les cantons suisses, au nombre de vingt-deux, comprennent environ deux millions 500 mille habitants ; soit en moyenne un peu plus de cent mille habitants par canton. Les cantons suisses sont également souverains, ce qui ne les empêche pas de subir les lois de la majorité et les tracasseries du Congrès. Des actes arbitraires et des divisions surgissent de ces incidents politiques pour l'appaissement desquels il est arrivé que des interventions étrangères ont été réclamées. La Suisse est déclarée neutre et est placée sous le patronage des grandes puissances engagées solidairement. Cette situation exceptionnelle éloigne de ce pays toute crainte d'absorption, assure son existence et l'extension facile de ses libertés nationales.

Aux États-Unis, ce qui démontre que la souveraineté des Etats n'est pas sans danger en face des exigences de la majorité et du gouvernement central, c'est la guerre du Nord contre le Sud, guerre qui a ruiné les vaincus d'une manière complète, bien que la justice des griefs d'abord invoqués fût du côté des américains du Sud. Ces faits prouvent qu'il n'y a pas de liberté absolue, d'indépendance certaine, entière, dans chacune de ces Républiques.

La France pour l'établissement de son gouvernement ne doit consulter que ses intérêts, ses tendances, et non recourir à des imitations qui ne sauraient lui convenir.

Ce qu'elle réclame, c'est un gouvernement nouveau, la stabilité, et non une imitation ou une restauration.

III

Les expériences du Gouvernement Constitutionnel faites en France, dans le passé, sont limitées à deux époques. Ce sont celles de 1815 à 1830 et de 1830 à 1848. L'Empire ne saurait y être compris, et cependant peut revendiquer les bienfaits, d'abord réalisés par le principe d'autorité.

Pour juger ces époques avec équité, relativement aux accusations qu'elles ont à supporter, aux fautes qu'on leur prête, il faudrait en étudier la portée et la nature avec la conscience de rechercher la vérité. Il faudrait tâcher de discerner si ce n'est pas la nation, représentée en ces circonstances par une opposition tracassière dans les Chambres, qui s'est mise en défaut en précipitant dans l'abîme, à l'aide du peuple abusé, révolutionné, les destinées de notre beau pays ; si les représentants du peuple ont eu toute la patience que réclament les débats des intérêts politiques, de manière à juger sainement des passions qui ont été le mobile de nos grandes catastrophes.

C'est ce qui peut être apprécié. S'il en était ainsi avant de faire une nouvelle expérience sérieuse de la République, dont la dénomination seule effraie tous les intérêts, inquiète l'Europe, suspend le crédit et le limite toujours, nous serions sages d'analyser le passé avec soin et de voir si la Monarchie Constitutionnelle ne mérite pas qu'on en réhabilite les auteurs.

IV

La Monarchie Constitutionnelle, par l'hérédité, représente un principe éternel. La gloire, le bonheur, la réputation, dont l'histoire tient compte à celui qui est investi du pouvoir suprême, dépend de la bonne gestion de son gouvernement, des satisfactions et de la prospérité que goûte le peuple. Placé au premier rang par sa naissance, le Roi n'a d'autre place dans sa patrie que sur le trône ; et au point de vue constitutionnel, le Roi appartient à la nation et le pays ne saurait lui appartenir.

Ce rang suprême, le titre de Roi, ne peut être justement jalousé par personne ; il commande également à toutes les illustrations qui se groupent autour de lui, et la stabilité qui en résulte n'empêche pas la mobilité des opinions qui constituent l'esprit public ; elle est une des garanties les plus précieuses de la prospérité des citoyens.

Dans le gouvernement constitutionnel, ainsi que le comprennent les Anglais, les Autrichiens, les Belges, les Italiens, etc., le Roi est irresponsable, ne peut mal faire ; les passions politiques ne doivent pas monter jusqu'à lui. Mais les ministres sont responsables, agissent et, en principe, représentent toujours la majorité dans les Chambres, c'est-à-dire le pays.

Les partis qui se forment, et qui sont l'essence des gouvernements libres, luttent suivant leurs tendances et rendent parfois la majorité très mobile. Le Roi s'associe à ces luttes, qu'il surveille, et dont il est le pondérateur. Il change ses ministres, en désignant celui qui semble être le plus en crédit, si la majorité s'est déplacée, le chargeant de former le cabinet pour défendre devant les Chambres la politique nouvelle que les débats ont modifiée.

Si la résistance se prolonge et attaque les principes de la Constitution ; si, par là, l'anarchie parlementaire s'est introduite dans les Chambres, le Roi en appelle au pays par la dissolution des Chambres.

Une Charte ou une constitution, *dont on pourrait indiquer des époques de révision*, établit la part des libertés nécessaires, règle les rapports entre le Roi et les Pouvoirs publics, etc. C'est ainsi qu'avec la royauté constitutionnelle tous les intérêts sont également assurés.

Un mode d'élection étant admis, intelligent, rationnel et tout à la fois conservateur, ne serait-ce pas là le gouvernement du peuple dans toute sa puissance ; et y a-t-il un autre système qui puisse mieux en réaliser l'idéal ?

V

Le Roi, par ses ancêtres, par son mariage, a des relations naturelles ; il assure à son pays des alliances que son influence personnelle peut rendre plus solides encore, et qui sont une puissance pour le pays; ses titres à la considération sont sans conteste ; sa vie est au grand jour, connue de tous ; sa politique est suivie de génération en génération, si elle a la vérité pour guide et si elle reflète l'esprit de la nation, tout en se modifiant en raison des tendances et des besoins du temps.

En France, pour être avec considération à la tête de l'État, il faut, sans système préconçu, avoir tout à la fois les aptitudes de l'homme de guerre et celles que réclament les besoins civils, industriels, commerciaux et agricoles. Les Lettres, les Sciences et les Arts ne doivent pas non plus lui être étrangers. Les études de l'héritier de la couronne doivent donc être complexes et dirigées de manière à répondre aux exigences de sa position. Dans la vie privée, il y a peu d'éducation aussi complète. C'est là ce qui pourrait rendre difficile le choix d'un chef de gouvernement dans une république en France.

L'hérédité éveille l'idée de la stabilité, celle de la consécration du temps, d'où résulte la confiance en l'avenir ; elle est la sauvegarde puissante des libertés publiques dans un gouvernement constitutionnel dont l'action repose tout à la fois dans la diversité des pouvoirs.

Le règne de Louis XVIII, bien que ce monarque fut retenu dans un fauteuil, n'en a pas moins été puissant, progressiste et prospère.

Il y a donc, dans la Monarchie Constitutionnelle, des garanties de toutes natures pour rassurer sur l'avenir des institutions du pays.

VI

Le représentant de la nation, celui en qui elle se personnifie, qui est le plus spécialement chargé de ses destinées, que sa position met en rapport avec le chef de chacun des autres États, doit être revêtu d'un titre, doit avoir une filiation en rapport avec la grandeur et les richesses de ce pays. Les influences diplomatiques et sociales s'en ressentent, ainsi que l'unité dans le commandement. Il faut que le titre honore la nation et le chef mis à sa tête.

C'est donc la Monarchie Constitutionnelle, d'après ce qui précède, qui semble être le gouvernement le mieux approprié pour fonder un État conservateur et de progrès, capable d'assurer d'une manière sérieuse et durable les destinées de la nation.

Quant aux Princes héritiers du trône, c'est de leur initiative que doit dépendre la revendication de leurs droits. Ce serait manquer à la mission, que la Providence leur impose, que d'attendre que les vicissitudes du pays obligent les citoyens à recourir à leur influence décisive ; que d'exiger, n'ayant pas le pouvoir, que la volonté de tous se prononce en leur faveur. En effet, et dans ce cas, on pourrait leur reprocher un sentiment d'égoïsme, leur attribuer le désir de s'imposer. Exiger un appel par le suffrage, c'est rentrer dans la voie élective si fatale à la stabilité.

Les Princes doivent agir ou abdiquer s'ils aiment vraiment leur pays. L'indifférence ne leur est pas permise. Ils ne peuvent éviter sans blâme les moments opportuns qui ouvrent l'arène dans laquelle leurs droits, consacrés par le temps, les engagent. Leurs partisans comptent sur leur dévouement. Le pays veut être gouverné et affranchi de la pression des audacieux et des dangers de l'anarchie.

VII

DE LA RÉPUBLIQUE

La République éveille l'idée d'une magistrature temporaire, d'une durée de Trois ou Quatre ans, peut-être encore réduite, suivant les passions du moment. La mobilité du gouvernement vient ainsi, à chaque instant, mettre en doute la solidité des relations d'intérêts. Elle peut être le résultat d'une usurpation.

Le citoyen qui, dans une République, arrive au pouvoir présidentiel, est toujours un homme de parti ; c'est par là qu'il en gravit, qu'il en escalade quelquefois les degrés. Quelle que soit sa bonne gestion, il peut être remplacé par un rival d'un parti opposé. Les créatures de ce nouveau gouvernement, en se produisant, s'emparent de tous les emplois : ce qui bouleverse les bases de l'administration. Et c'est la nation qui en subit les conséquences.

Le choix du peuple, suivant les menées employées pour s'emparer de l'esprit des masses, peut s'adapter à une personnalité très méritante sans doute, mais parfaitement étrangère à la pratique des devoirs d'un chef d'État que sa profession a mis en relief, mais qui ne suppose que des connaissances incomplètes pour arriver à une bonne gestion gouvernementale, protégeant également les sciences, les lettres, les arts, l'industrie et l'agriculture. C'est le soldat qui, le plus souvent, l'emportera, et alors la rigueur du gouvernement peut s'en ressentir.

Notre époque et les besoins de la situation réclament surtout le respect pour l'influence des idées militaires.

VIII

Le gouvernement de la République est celui qui nous divise le moins, a-t-on dit. Pour nous, nous croyons que c'est celui qui peut procurer le moins d'union. En effet, les républicains sont divisés de principes, ne s'entendent entre eux que pour abattre. Ils ont naturellement pour adversaires tous ceux qui n'aiment pas la forme républicaine ; qui trouvent que ce mode de gouvernement n'est pas pratique ; qu'il est contraire à nos intérêts et surtout à ceux de ce moment ; qu'il repousse les alliances dont nous avons tant besoin ; qu'il est fatal à notre juste influence dans le monde. De telles contradictions placent la République en face d'une opposition formidable, qui doit naturellement amoindrir l'action de son gouvernement. Cette faiblesse gouvernementale et l'ardeur des passions républicaines appellent forcément la dictature, et c'est ainsi que les libertés, dans une République, sont toujours enchaînées. En principe, la démocratie de nos jours, prenant sa base dans le plus grand nombre, est appelée à rabaisser le niveau de la nation, les parties absorbantes ayant des tendances naturelles à ramener toutes les intelligences à leur propre valeur. Enfin, la République ne saurait se maintenir modérée, conservatrice. Elle a pour émule le communisme, le socialisme, qui en sont la conséquence d'après les idées du nombre.

Ce serait une erreur, comme le disent les adeptes, que de penser les relever en majorité par des études classiques et gratuites remplaçant le travail manuel. C'est tout bonnement vouloir l'impossible et la perte de la nation en ruinant le travail, seul moyen équitable de sustenter les populations et d'arriver à la répartition des richesses.

Le dualisme des communes nous ramènerait à l'époque de la féodalité, organiserait la guerre civile en permanence, et, en établissant le gouvernement ochlocratique, c'est-à-dire la suprématie du prolétariat, supprimerait l'initiative de l'intelligence.

Il y a dans toutes ces considérations des motifs sérieux de raffermir les esprits, s'il y a irrésolution, et de réagir sur les intéressés quand il sera question d'opter entre la Monarchie Constitutionnelle et la République.

IX

CONCLUSIONS
Éveillant l'idée de la conciliation

Le *statu quo* en se prolongeant devient un péril.

Le malaise qui résulte de l'inconnu est nuisible aux intérêts en général ; il est une ruine pour le travail dont les exigences sont absolues.

Henri V, par sa nationalité, par ses droits à l'hérédité consacrés par dix siècles et une longue série d'aïeux, est un fait qu'on ne saurait éluder sans déloyauté. Il représente incontestablement la majorité des vœux éclairés de la nation.

Un Roi de France reprenant le pouvoir, c'est la loyauté remise au grand jour venant rendre une vie plus active au monde entier.

X

La France ainsi régénérée rétablit le lien entre les nations, et l'entente générale ramène l'influence de l'équilibre politique, peut-être le redressement de nos malheurs territoriaux qu'un Congrès européen serait amené à décider en vue de la paix universelle.

Pour obtenir ces résultats et agir avec prudence et constitutionnellement, tout en conservant entiers les droits de la nation, l'Assemblée nationale, dans sa souveraineté, désignerait cinq Illustrations prises dans les rangs différents de l'opinion, à savoir :

Trois Constitutionnels ayant rendu des services signalés en cette qualité, un légitimiste et un républicain.

Ces cinq Illustrations, nommées par une commission, seraient députées à Monseigneur le Comte de Chambord, après entente préalable, à l'effet de réclamer de ce Prince, héritier du Trône, l'exposé complet et expliqué de ses principes politiques, constitutionnels et d'hérédité, et non pour lui poser des conditions ou prendre des engagements définitifs.

Des observations, s'il y a lieu, seraient faites par les délégués aux opinions émises par le Prince, de manière à les souder aux idées constitutionnelles de l'époque et telles, qu'elles sont comprises par les générations actuelles. On éviterait ainsi toute espèce de malentendu et de surprise.

Admettant l'exécution pratique de ce projet, l'Assemblée nationale recevrait en séance publique le rapport des délégués de la France au Prince ; elle en développerait ou en discuterait les termes. Les discours qui résulteraient de ces débats deviendraient un sujet d'instruction politique pour la nation.

Le pays étant éclairé par les discussions de l'Assemblée nationale qui se prononcerait sur la forme du gouvernement à proclamer, et après avoir révisé la loi des élections donnant de nouvelles assises au suffrage universel, appel serait fait à la nation en vue d'une Assemblée nouvelle.

Une commission seconderait le pouvoir exécutif pendant toute cette période électorale.

(Les délégués au besoin pourraient être désignés à titre officieux si l'Assemblée ne croyait pas devoir se prononcer.)

XI

Ce procédé, pour arriver à une rénovation sociale, peut paraître lent et complexe ; mais le temps est nécessaire, afin de ne pas brusquer les imaginations, et pour donner à l'opinion le moyen de se former. Il ne faut pas qu'il y ait pression.

Les constitutionnels n'entendent pas être un parti quand même. Ils se composent de citoyens mus par l'amour du pays et auxquels peuvent se joindre, sans hésitation, tous les royalistes, tous les patriotes encore dissidents la veille. Les constitutionnels n'ont de parti pris que pour défendre et la vérité et les justes libertés nécessaires au développement du progrès et de la civilisation.

Étant soumis aux lois, et sans autre ambition que celle de se vouer au bien public, ces amis de l'ordre et de la constitution du pays savent au besoin faire abnégation de leurs prétentions au pouvoir. Ils démontrent et prouvent ainsi que la Royauté constitutionnelle est bien le perfectionnement de l'idéal de la République, où peuvent occuper une place justement respectée tous les hommes éclairés, ceux-là même qui sont amis d'une République gouvernementale.

Le Comte de Chambord déclare être de son temps ; et ainsi qu'il le reconnaît dans son manifeste, il appartient à la France dont la royauté, a-t-il dit, est le patrimoine. Il peut et doit revendiquer ses droits d'hérédité. Il représente un passé justement glorieux et prospère.

Le Prince héritier d'une lignée de Rois représentant dix siècles ne saurait être méconnu. La nation doit répondre à son manifeste, et à la mise en demeure que nous sollicitons de son initiative, concernant l'Assemblée Nationale, Souveraine, à discuter cette grande question qui, selon nous, résume l'avenir de la Patrie.

Ce qui explique notre démarche, c'est que la France ne peut ainsi tenir l'Europe en échec, ni être la proie d'une minorité, rappelant les fureurs et les utopies de 93, les désastres se renouvelant et s'amoncelant à chacun des essais nouveaux faits pour rétablir la République. Elle a dû encore être obligée d'abandonner à la sévérité des lois cette multitude de ses adeptes hier ses champions.

Les crimes de la Commune, rappelant les massacres de septembre, etc., devraient porter le doute dans l'esprit de ceux que les idées républicaines préoccupent, et leur faire comprendre qu'il faut que le vice des principes de cette forme de gouvernement soit bien puissant pour produire de tels oublis des lois sociales.

P. S. Au nombre des délégués constitutionnels, nous voudrions voir figurer le nom si justement respecté de M. Guizot, le grand patriote, dont les services sont nombreux, et qui mérite si bien d'être réhabilité aux yeux des populations.

En 1814, cet homme célèbre a été chargé d'une mission semblable par le Comité national près de Louis XVIII, mission qui a produit les meilleurs résultats.

APPENDICE

C'est pour donner une affirmation plus autorisée aux opinions émises sur le gouvernement républicain dans cet opuscule, que nous rappelons VOLTAIRE, le grand poëte, dans sa tragédie de Brutus, acte 11.

Les vérités émises dans la réponse d'Arons à Titus sont empreintes d'une actualité saisissante. Elles représentent exactement la situation qui nous est faite par la République.

Voici ce fragment de Voltaire. Brutus, acte deuxième :

TITUS

Soit grandeur, soit vertu, soit préjugé peut-être,
Né parmi les Romains, je périrai pour eux :
J'aime encore mieux, seigneur, un sénat rigoureux,
Tout injuste pour moi, tout jaloux qu'il peut-être,
Que l'éclat d'une cour, et le sceptre d'un maître.
Je suis fils de Brutus, et je porte en mon cœur
La liberté gravée, et les rois en horreur.

ARONS

Ne vous flattez-vous pas d'un charme imaginaire ?
Seigneur, ainsi qu'à vous la liberté m'est chère.
Quoique né sous un roi, j'en goûte les appas ;
Vous vous perdez pour elle et n'en jouissez pas.
Est-il donc, entre nous, rien de plus despotique
Que l'esprit d'un Etat qui passe en République ?
Vos lois sont vos tyrans, et leur barbare rigueur
Devient sourde au mérite, au sang, à la faveur.
Le Sénat vous opprime, et le peuple vous brave ;
Il faut s'en faire craindre ou ramper leur esclave.
Le citoyen de Rome, insolent et jaloux,
Ou hait votre grandeur, ou marche égal à vous.
Trop d'éclat l'effarouche, il voit d'un œil sévère,
Dans le bien qu'on lui fait, le mal qu'on peut lui faire ;
Et d'un bannissement, le décret odieux
Devient le prix du sang, qu'on a versé pour eux.

VOLTAIRE, Brutus, acte 11.

(1) On doit faire cette remarque, c'est que les Rois constitutionnels ne sont pas des maîtres. Ils représentent la première magistrature du pays, avec un titre *unique* auquel s'attache des souvenirs et des prérogatives qui sont une des sauvegardes du peuple.